A TERAPIA DO ABRAÇO 2
A Expressiva Linguagem dos Abraços

...porque nós estamos nos abraçando numa dança de alegria e amor.

Kathleen Keating

Desenhos
MIMI NOLAND

A TERAPIA DO ABRAÇO 2
A Expressiva Linguagem dos Abraços

Tradução
EDUARDO FARIAS

EDITORA PENSAMENTO
São Paulo

Título original: *Hug Therapy 2– The Wonderful Language of Hugs.*

Copyright © 1987 Kathleen Keating.

Publicado nos Estados Unidos por CompCare Publishers.

Capa e diagramação de Kristen McDougall.

Toda arte deste livro é propriedade de CampCare Publishers, © 1987. Sua reprodução total ou parcial, em qualquer forma, incluindo arquivamento em banco de dados, é proibida... exceto as partes usadas em comentários pelos meios de comunicação quando mencionados os nomes do Autor e da Editora.

A Editora Pensamento-Cultrix Ltda. não se responsabiliza por eventuais mudanças ocorridas nos endereços convencionais ou eletrônicos citados neste livro.

O primeiro número à esquerda indica a edição, ou reedição, desta obra. A primeira dezena à direita indica o ano em que esta edição, ou reedição foi publicada.

Edição	Ano
14-15-16-17-18-19-20	11-12-13-14-15-16-17

Direitos de tradução para a língua portuguesa
adquiridos com exclusividade pela
EDITORA PENSAMENTO-CULTRIX LTDA.
Rua Dr. Mário Vicente, 368 – 04270-000 – São Paulo, SP
Fone: (11) 2066-9000 – Fax: (11) 2066-9008
E-mail: atendimento@editorapensamento.com.br
http://www.editorapensamento.com.br
que se reserva a propriedade literária desta tradução.
Foi feito o depósito legal.

IMPRESSÃO E ACABAMENTO *Yangraf Gráfica e Editora Ltda.*

Aprendemos a nos comunicar de muitas formas: através da fala, dos gestos, das atitudes, da postura, dos olhares e do toque.

A Terapia do Abraço 1 mostra como uma forma de toque — dar e receber um abraço caloroso e amigo — é saudável e traz bem-estar. Em *A Terapia do Abraço 2*, descubra uma nova dimensão dessa terapia; o abraço tem uma linguagem especial.

Esperamos que este livro lhe sirva de base para que você crie *a sua* linguagem do abraço.*

---

* Neste livro, usamos a impressão em *itálico* todas as vezes em que a linguagem do abraço vem com o seu significado traduzido em palavras.

Um abraço orgulhoso

aos meus pais, Roy e Minnie Armistead, e à
minha irmã, Christine Ann Armistead.

Um abraço de gratidão
A Helen Colton, por ter-me inspirado.

Aos meus amigos Lynne e Maureen De Boer,
Margie Rinehart, Wendy McCarty Wong, Anita Liggett,
Francie White, Cathy Davis, Judith Harkins,
Sue Von Baeyer e Christina Essmana pela ajuda.
A Fred Schloessinger, por me abraçar com amor.

O abraço fala uma língua universal.

Comunicar, v.t.
1. Fazer saber; participar
2. Dar ou trocar informações, idéias, sinais ou mensagens
3. Pôr em contato ou em relação com...

Abraçar, v.t.d.
1. Segurar alguém nos braços, especialmente de modo afetuoso; dar um abraço; envolver com os braços
2. Acariciar, segurar apertado
3. Manter muito próximo a...

Abraço, s.m.
Ato de abraçar; uma forma de carinho

Terapia, s.f.
Tratamento de doenças; o mesmo que terapêutica

Terapia do Abraço, s.m.
A prática de dar abraços como forma de tratamento e cura de doenças, ou ainda para a manutenção da saúde através dos múltiplos significados e da comunicação pelo abraço.

Comunicando-se com Abraços

Meu amigo
Obrigado
Olá
Tchau
Vim em paz
Oba!

Teoria

A ciência e o instinto nos ensinam que uma boa forma de se alcançar a sensibilidade do ser humano é através do toque físico. E uma das formas mais importantes do toque é o abraço. Com um abraço, nós nos comunicamos no nível mais profundo. Basta um abraço para entendermos a vida na sua plenitude.

Dentro de cada um de nós há um desejo muito grande de ter uma forma de contato que afirme o nosso potencial como pessoas em crescimento. A linguagem do abraço alimenta o espírito.

Um abraço cria um círculo de cooperação que promove o crescimento e a cura, além de preencher o vazio de nossos corações.

Fundamento Lógico

Em um mundo que usa diversas formas de comunicação, somente a linguagem não-verbal do toque e do abraço não tem limites.

Por vivermos numa época que valoriza a razão e a tecnologia, estamos perdendo a consciência dos nossos sentimentos. Quando nos tocamos e nos abraçamos num clima de compreensão, trazemos à tona os nossos sentimentos e reafirmamos a nossa crença no que sentimos.

Quando a tecnologia ergue barreiras...

um abraço as derruba.

Aplicação

Diga o que você quer dizer com abraços para dar mais ênfase à mensagem.

Devemos dizer em voz alta: "Há algo em que eu possa ajudar?" Um abraço completa: *Eu realmente quero ajudar!*

Quando dizemos: "Gosto de você", um abraço acrescenta: *Eu me importo muito com você. Na verdade, amo você demais!*

Inclua um abraço na conversa!

Deixe que um abraço fale por você quando as palavras parecerem inoportunas ou saírem com dificuldade.

Nós sabemos, é claro, as palavras apropriadas; mas, na verdade, elas são difíceis de dizer, principalmente se estivermos tomados pela emoção ou formos tímidos. É nessa hora que devemos contar com a linguagem do abraço.

Um abraço pode dizer coisas como:

Conte comigo a qualquer hora.
Eu realmente entendo o que você sente.
Quero que você compartilhe a alegria que estou sentindo.
Deixe-me ajudá-lo a enfrentar essa tristeza.

Mesmo palavras comuns como "olá" ou "tchau" são, às vezes, difíceis de dizer.

Aceite a minha ajuda nesta hora difícil.

Deixe que um abraço fale por você todas as vezes em que for difícil se expressar com palavras.

Apesar de conseguirmos falar de nós mesmos com a maior sinceridade possível, a conversa não consegue ir além quando chegamos aos nossos sentimentos mais profundos. Um abraço de coração nunca pode ser traduzido em palavras.

Quando atingimos um certo estágio de consciência de nós mesmos, damos e recebemos amor, vitalidade e tudo o mais em formas que transcendem a linguagem. Reduzir esses sentimentos a palavras pode acabar com qualquer mensagem do coração.

Além de usar o dom magnífico da palavra, precisamos também respeitar a sabedoria intuitiva da ausência de palavras e escutar com o coração. É assim que aprendemos a compreender o significado maior do mistério que chamamos de amor.

O abraço tem a sua própria linguagem.

Qualificações

Qualquer um pode ser um terapeuta do abraço. Já que a terapia do abraço é uma técnica que ajuda tanto o terapeuta como o cliente, a qualificação para ambos é a mesma: basta querer. A terapia do abraço pode ser saudável para todos os participantes do processo.

Entretanto, como terapeuta do abraço, você assume a responsabilidade de comunicar um sentimento genuíno de compreensão e atenção.

Qualquer terapeuta do abraço pode mais tarde desenvolver a sua prática e confiança aprendendo a linguagem especial do abraço.

Ética Profissional

Um abraço terapêutico não finge jamais. Pelo contrário, um abraço sempre fala autenticamente sobre quem nós somos e sobre o que estamos sentindo. O que precisamos, em primeiro lugar, é sermos autênticos com nós mesmos antes de tentarmos o contato sincero com o outro. Ficamos embaraçados e confusos quando as palavras dizem uma coisa e o abraço diz outra.

Eu estou ótimo. Tudo vai muito bem.

Na verdade, eu me sinto muito triste.

Um abraço nunca diz *A culpa é sua* ou *Eu quero magoar você*.

Somos pessoas complexas buscando a plenitude. Não temos poder de escolha sobre os nossos sentimentos, mas podemos selecionar a maneira de dizer ou o que fazer com o que sentimos.

Assim, conseguimos encontrar maneiras de descobrir nossas necessidades sem culpar ou fazer mal a nós ou aos outros. Como terapeutas do abraço, nossa responsabilidade é fazer o bem e tratar os problemas, sem jamais culpar os outros pelos seus erros ou magoá-los. Precisamos deixar de lado a visão de mundo que o divide entre "bons" e "maus".

Um abraço terapêutico nunca tem conotação sexual.

O abraço carinhoso, amigável, caloroso, é diferente de um abraço entre dois amantes e não convida à intimidade física que faz parte do relacionamento amoroso.

Quero ter o seu amor, meu bem.

Eu quero a sua amizade.

Errado.

Certo.

Riscos

O toque terapêutico é uma nova linguagem que estamos acabando de aprender. Os riscos que corremos por utilizar essa linguagem são grandes: as pessoas podem achar que somos intrometidos ou interpretar nosso abraço como o de quem quer iniciar um relacionamento amoroso.

Tornando-nos mais conscientes acerca do que a linguagem do toque pode significar em termos de apoio, descobriremos que o abraço é uma comunicação saudável que enriquece a nossa vida. Passando a aceitar o abraço como uma "segunda língua", os riscos a correr diminuirão com certeza.

Estamos prontos a arriscar um abraço, pois as recompensas são grandes.

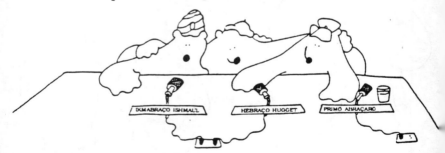

Princípios da Linguagem do Abraço

Além da sua mensagem particular, um abraço, para ser realmente terapêutico, sempre diz coisas sem usar palavras.

Um abraço terapêutico sempre diz:
Eu compreendo o que você sente.

Uma vez que temos os mesmos sentimentos, há um laço comum que nos envolve e cria união. Respeitamos os nossos sentimentos como um meio natural que nos dá a direção ao tomar decisões, criar valores e resolver problemas.

Devemos dar valor ao sentimento do outro como parte essencial do ser.

Sua perda é a minha perda.

Isso é muito ruim.

Um abraço terapêutico sempre diz:

> *Eu compreendo a sua verdade interior única. Você é especial.*

Assim, celebramos o fato de que, no círculo da unidade, estão pessoas cuja grande variedade faz da vida a aventura que é. Os sentimentos, idéias e valores do outro expandem a nossa visão de mundo. Esse mundo que está cheio de infinitas possibilidades, pois somos diferentes.

Um abraço terapêutico sempre diz:

Você é o que você é, e não somente o que você faz.

Todos precisamos de auto-afirmação como seres únicos, independentemente dos muitos papéis que temos de desempenhar.

Exemplo: *Você não nem apenas um veterinário, amante, de fim de casa;* é somente médico e pai, tremendo goleiro, assistente de especialista em ginástica aeróbica, motorista de ônibus, churrasqueiro semana e gênio da você é VOCÊ.

Aceite um abraço, Clementino.

Uma visão geral dos tipos de abraço mais comuns ajuda na escolha do abraço certo que seja mais adequado à mensagem. Cada abraço tem muitas interpretações verbais e não-verbais, dependendo de quem abraça e da situação. Veremos a seguir apenas alguns deles.

Tipos de Abraços

Abraço Padrão

Clássico. Utilizado em ocasiões formais. Benéfico a todos — crianças e adultos, homens e mulheres.

Um abraço padrão pode dizer:

Eu gostaria de conhecer você melhor.

Parabéns pela ocasião especial (qualquer que seja ela: aniversário, casamento, formatura etc.)!

Eu sei que você está muito bem vestido para a festa e quer receber um abraço que não o esmague nem amarrote a sua bela roupa.

Abraço de Baixinho

Braços em círculo segurando firmemente na altura das pernas. Esse é um tipo de abraço dado por crianças pequenas. Quem dá o abraço precisa de amor e carinho; e quem recebe precisa oferecer uma resposta à altura dessa carência (pegar a criança nos braços e dar um abraço bem apertado, por exemplo).

O abraço de baixinho significa invariavelmente:

Eu sou pequenino e posso contar com você.
O simples fato de eu tocar em você já me dá segurança.

Abraço pelas Costas

Ou enlaça-cintura.

Um repentino e alegre gesto de apoio, principalmente para as pessoas envolvidas no trabalho rotineiro de cuidar da casa ou em tarefas monótonas.

Um enlaça-cintura tem como mensagem:

Não se deixe absorver tanto pelo trabalho monótono, senão você se esquece do quanto significamos um para o outro.

A amizade é o que faz o nosso dia-a-dia caminhar.

Abraço de Urso

Vigoroso. Oferece segurança. Tenha consciência de dar esse abraço com firmeza, sem, no entanto, tirar o fôlego da pessoa abraçada.

Exemplos de mensagens que podemos dar com um abraço de urso:

Vamos nos abraçar para celebrar a dádiva da vida.

Apóio você 100%.

A vida é uma aventura; e você é grande parte dessa alegria.

Abraço de Rosto Colado

Suave. Agradável. Dado levemente, tem um significado espiritual.

Um abraço de rosto colado pode expressar:

Eu percebo que você está sem forças.

Eu me preocupo com você.

Que esta minha preocupação sincera por você lhe dê forças.

Abraço ao Gosto do Freguês

Um abraço criativo, dado sob medida. Deve levar em consideração o lugar, a situação e o que é necessário para o abraço. Trata-se do seguinte: para satisfazer alguma mania de quem dá o abraço, um bichinho de estimação ou algum brinquedo predileto também entra no abraço. Um abraço ao gosto do freguês pode dizer quase tudo o que você quiser.

Eu sei que a Filó é muito importante para você e tem ciúme da nossa amizade. Vamos incluí-la no abraço.

O Rambo também é importante, mas é muito reservado. Talvez ele deixe a sua timidez algum dia e entre no nosso abraço.

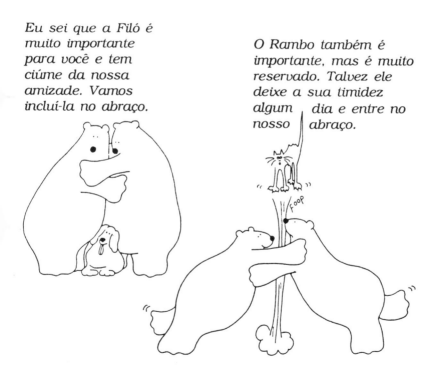

Abraço Relâmpago

Divertido, caloroso, rápido. Oferece a oportunidade de dar vários abraços apressados para quem tem pouco tempo disponível. Deve causar surpresa.

Um abraço relâmpago pode dizer:

Lembre-se: não deixemos morrer a criança que há em nós.

Mesmo quando as responsabilidades do dia-a-dia nos fazem correr o tempo todo, é necessário que sempre arrumemos tempo para nos divertirmos.

Estou com muita pressa, mas isso serve como uma rápida lembrança do quanto eu gosto de você.

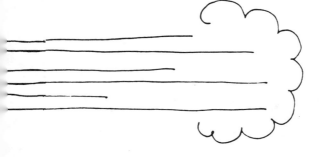

Abraço Grupal

Tipo de abraço que vai bem em qualquer grupo: de times a grupos de trabalho; de bandas de música a uma turma de amigos.

Um abraço grupal diz a todos:

Estamos no mesmo barco.

Um por todos e todos por um.

Vamos compartilhar todos os nossos bons sentimentos.

Abraço do tipo "Adivinhe Quem É?"

Um abraço brincalhão para velhos amigos. Trata-se de uma simpática variação do tradicional "olá" ou "bom dia".

Um abraço do tipo "adivinhe que é?" tem a dizer:

*Se você adivinhar quem sou, ficarei contente por você ter pensado em mim.
Se não... bem, o mistério também faz parte da brincadeira!
Não podemos nos esquecer que o bom humor é extremamente necessário ao nosso bem-estar.*

Abraço do Fundo do Coração

Nada o afeta, nada o incomoda. Talvez seja esta a forma mais sublime de abraço. Chega à parte central de nós, onde o amor se encontra em sua forma mais pura, mais bonita.

Um abraço do fundo do coração diz:

Sinta como a nossa união aumenta na medida em que nossos laços de amizade se estreitam.

Eu posso não ter gostado do seu mau comportamento ou da sua malcriação, mas isso não diminui o meu amor por você.

Vamos nos perdoar... as brigas não levam a nada.

Abraço Sanduíche

Um abraço "a seis mãos". Dá segurança principalmente para quem estiver no meio.

Algumas mensagens desse tipo de abraço:

Vamos reafirmar nosso sentimento de união familiar.

Nós três temos partes iguais nessa amizade.

Queremos ter a certeza de que nenhum de nós será deixado de lado.

Abraço de Lado

Uma forma agradável e alegre de ficar lado a lado. Para ser dado quando ambos estiverem caminhando juntos ou aguardando numa fila.

Veja o que um abraço de lado tem a dizer:

Esperar na fila do banco não é nem um pouco tedioso porque você está comigo.

Estar com você me faz bem... onde quer que estejamos.

Abraço na Cabeça

Ou abraço de apoio.

Firme, ele dá apoio e força. Oferecido por alguém que está em pé a alguém que está sentado. Uma energia a mais para quem se sente tenso, sem forças ou deprimido.

O abraço de apoio diz coisas do tipo:

> *Aproveite a energia positiva que eu lhe dou se você está triste hoje.*
>
> *Eu estarei pronto para dividir minhas energias com você sempre que precisar de mim.*

Variações

É claro que cada tipo específico de abraço tem inúmeras variações. Se você já domina bem esses tipos e o que cada um quer dizer, seu vocabulário de abraços torna-se ilimitado.

Eu estou aqui, Melissa.

Vamos trabalhar com abraços.

Um glub-abraço pra glub-você.

Você realmente tem habilidade com as mãos, Manuel.

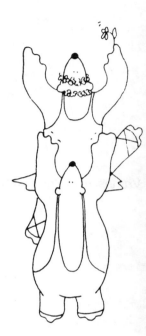

Pas de deux.

Diga com Abraços

Na medida em que o seu vocabulário de abraços aumenta, você descobrirá que a maravilhosa linguagem do abraço se adapta perfeitamente para a comunicação das mensagens do dia-a-dia, principalmente em se tratando dos assuntos a seguir.

Segurança

Apoio

Confiança

UM ABRAÇO SIGNIFICA SEGURANÇA

Independentemente da idade ou da posição que tenhamos na vida, todos precisamos nos sentir seguros. Quando nos sentimos inseguros, nossas atitudes parecem não dar resultados e as coisas que fazemos com os outros perdem a graça.

Um abraço cria um caloroso círculo de apoio para que possamos realizar nossas tarefas com uma estimulante sensação de segurança.

Um abraço diz: *"Nos meus braços você pode se sentir seguro."*

É necessário um abraço que dê segurança:

quando alguém for falar em público, um abraço exprèssa: *"Não se sinta inseguro. Apenas imagine que todos na platéia estão participando deste abraço."*

quando alguém está se formando na escola ou passando por qualquer outra mudança importante na vida, um abraço diz: *"Você estará seguro nessa sua nova vida."*

quando a escuridão da noite assusta, um abraço significa: *"A luz do dia lhe mostrará que as sombras assustadoras não passam das inofensivas formas das coisas comuns."*

Tente um abraço do fundo do coração para afastar medos e passar uma mensagem de segurança.

Aqui você estará seguro. Logo amanhecerá.

Um abraço afasta as sombras.

UM ABRAÇO SIGNIFICA APOIO

Todos precisam sentir apoio, mas principalmente as crianças e os velhos, que dependem do amor e da boa vontade dos que cuidam deles.

Um abraço de apoio é necessário:

nas crianças pequenas que estão aprendendo a dar os primeiros passos, um abraço diz: *"Quando o mundo que você está começando a descobrir assustar ou for muito complicado, pode voltar à segurança dos meus braços até que você se sinta pronto para sair e descobrir novas coisas."*

nos idosos tentando caminhar pela primeira vez depois de se recuperarem de uma doença, um abraço diz: *"A sua doença não fará com que eu perca o respeito que tenho por você. Você continua sendo especial para mim."*

Tente um abraço de lado ou um de rosto colado quando quiser manifestar apoio.

UM ABRAÇO SIGNIFICA CONFIANÇA

A confiança vem da sensação de segurança e do apoio que recebemos dos outros. A confiança pode nos libertar do medo que anula a nossa vontade de participar das excitantes descobertas da vida.

Dê uma mensagem de confiança através do abraço quando:

uma jovem tem a necessidade de saber que não está sozinha na difícil tarefa de assumir novas responsabilidades

um abraço expressa: *"Você não precisa fazer mais do que tem feito, nem ir mais depressa do que tem ido, se não se sentir pronta de fato para isso. Confie em mim; estarei aqui e apoiarei você através de toda a sua caminhada até o mundo dos adultos.*

um amigo abre um novo negócio, com novos sócios, num ramo novo

um abraço significa: *"Eu quero que você se sinta confiante. Continuarei sendo seu amigo em qualquer lugar.*

Às vezes, um abraço de lado dado rapidamente é quanto basta para dar força a uma mensagem de confiança.

Se você começar a cair, eu estarei aqui.

Pode confiar em nós.

Eu confio em vocês.

Auto-Estima

Identificação

UM ABRAÇO SIGNIFICA AUTO-ESTIMA

A auto-estima é fundamental para a satisfação e o sucesso. Começamos a nos dar valor a partir do nascimento, geralmente através do que as pessoas nos dizem a respeito de nós mesmos.

Uma vez que a auto-estima que passa, por assim dizer, de pai para filho nunca é suficiente, muitos de nós não aprendemos o nosso valor na plenitude quando éramos mais novos. Agora, temos a chance de continuar esse processo de auto-afirmação, passando, pelo abraço, a mensagem de que nós reconhecemos a importância de cada pessoa.

Um abraço proclama o valor de cada um:

para um corredor que não conseguiu se classificar para uma maratona,
para uma atriz que perdeu um papel importante,
para um cozinheiro que deixou queimar o almoço,
para um jogador que se esforça, mas não consegue fazer gols,
> um abraço diz: *"Auto-estima e sucesso não são sinônimos. Vale a pena tentar. Vale a pena viver. E, acima de tudo, VOCÊ vale a pena"*,

para alguém que cresceu com um sentimento de inferioridade em relação aos outros e tem vergonha de se mostrar,
> um abraço expressa: *"Tenho por você o maior respeito e um carinho muito grande. Pode contar comigo para mudar as idéias negativas que você tem sobre si mesmo."*

Tente um abraço de urso para transmitir auto-estima (se a pessoa que você quiser abraçar for tímida ou não aceitar muita intimidade, um abraço mais suave — como um abraço de rosto colado ou um abraço de cabeça — pode ser mais apropriado).

Você é maravilhoso, valoroso, simpático e interessante. Além disso, merece um abraço.

UM ABRAÇO SIGNIFICA IDENTIFICAÇÃO

Nossa auto-estima aumenta quando nos sentimos identifica-
dos com algum grupo — quando pequenos, com a família e
grupos de amigos; depois, com os outros grupos com os quais
temos de conviver no decorrer da vida.

Quando descobrimos nosso lugar nesse abraço em grupo,
convidamos os outros a entrar nesse círculo da vida.

Quando o "eu" se torna "nós", um abraço expressa de modo
veemente a alegria em se sentir identificado:

para qualquer pessoa que faça parte de um grupo que parti-
lha do mesmo ideal, projeto, interesses comuns, negócio ou
profissão — ou mesmo para quem tem uma turma de bons
amigos,

> um abraço significa: *"A individualidade de cada um de
> nós acrescenta algo único e maravilhoso ao grupo do qual
> somos parte."*
> *"Essa amizade dá sentido à minha vida."*

Um abraço grupal pode ser a melhor expressão para a auto-
estima e a sensação de identidade.

Força Interior

Cura

UM ABRAÇO SIGNIFICA FORÇA INTERIOR

Estamos acostumados a pensar em força interior como sendo uma energia individual que surge da autodeterminação e da responsabilidade. É claro que a responsabilidade por si mesmo é essencial para a força interior. Entretanto, nós podemos passar a nossa energia interior aos outros — para afirmar e apoiar a sua força pessoal.

A força interior é comunicada essencialmente através de mensagens corporais. O abraço e o toque são energizantes. O fascinante é que, quando buscamos passar energia pelo abraço, a nossa própria força interior aumenta!

Às vezes você se apóia em mim.

Dê um abraço que transmita força interior:
em alguém triste com o fim de um relacionamento,
um abraço diz: *"Quando a sua fé nos outros estiver abalada, deixe que um abraço lhe dê forças."*

em uma criança deprimida depois da separação dos pais,
um abraço expressa: *"Você não é responsável pela felicidade dos seus pais. Você tem bons amigos; e eu sou um deles."*

em um atleta prestes a se aposentar,
um abraço sempre diz: *"Há outras formas de força, além do esforço físico. Sinto-me orgulhoso pelo que você já fez. Na verdade, gosto de você pelo que você é e será."*

Um abraço do fundo do coração ou um abraço de urso são bons para dar força interior.

*Às vezes eu me apóio
em você.*

UM ABRAÇO SIGNIFICA CURA

Nossa força interior tem um enorme poder de cura quando recebida através do contato físico. Todos nós já ouvimos histórias sobre a cura através do toque. Pesquisas científicas recentes confirmam que o toque e o abraço carregam uma energia vital que pode curar — além de apoiar e ajudar — os doentes. Os estudos demonstram que, para ter um efeito realmente terapêutico, o toque deve ter uma intenção verdadeira de curar.

A energia que recebemos de um abraço terapêutico contém essa mensagem de cura: *"Eu estou vivo, recuperando plenamente a minha saúde."*

Dê um abraço com a finalidade de curar:

em alguém que está tentando se recuperar de uma doença, de uma infecção ou depressão,

um abraço expressa: "*Aceite este abraço para que você ganhe forças enquanto se recupera.*"

"*A minha força combinada à sua é maior que ambas sozinhas. Sinta quanta energia flui para lhe dar saúde de novo!*"

Um abraço de cabeça serve perfeitamente à cura.

Apesar de eu acreditar em minhas capacidades, também creio no seu poder de cura. Percebo uma força de cura mais poderosa que nós dois.

Aplicação:

Quatro abraços por dia são necessários para sobreviver.
Oito abraços por dia são necessários para manter a saúde.
Doze abraços por dia são necessários para progredir.

Apreço

Alegria

Comemoração

UM ABRAÇO SIGNIFICA APREÇO

Apreço pelos outros e gratidão pela fartura e pela variedade da vida — é essa a alegria que transmitimos com um abraço.

Quando nos sentimos agradecidos e temos apreço por alguém,

> um abraço proclama: *"Sinto-me grato pelo fato de a vida ser tão boa. Estejamos certos de aproveitar e de saborear cada momento intensamente."*

Deixe que um abraço expresse o seu apreço:

por uma professora muito querida,

> um abraço demonstra: *"Obrigado por fazer do aprendizado uma aventura sem fim."*

pelos seus pais (agora que você é adulto),

> um abraço expressa: *"Que bela experiência encontrar em você um bom amigo!"*

por alguém que lhe oferece um emprego ou um contrato,

> um abraço diz: *"Obrigado pelo novo estímulo — e por acreditar em mim!"*

por alguém caridoso,

> um abraço significa: *"Sinto-me grato por tudo de bom que você ajudou a acontecer na minha vida."*

por uma pessoa cujas palavras lhe serviram de inspiração,
> um abraço demonstra: *"Suas palavras me trouxeram serenidade e me deram apoio espiritual."*

por um palhaço,
> um abraço significa: *"Obrigado pela sua criatividade e talento. Você nos faz sorrir e ser felizes."*

Um abraço de gratidão pode ser de qualquer tipo — um abraço de lado ou um enlaça-cintura —, dependendo do grau de intimidade que se tenha com a pessoa.

Eu agradeço o seu bom humor.

Dê um abraço no palhaço.

UM ABRAÇO SIGNIFICA ALEGRIA

Admiração, euforia, bom humor, contentamento, serenidade são algumas das variações de tom da alegria que dá cor a nossa vida. Quando vivemos debaixo de um arco-íris desses bons sentimentos, nossos corações transbordam de alegria — e a alegria é tanta que nos sentimos mal por não dividi-la!

É ótimo quando comunicamos o quanto estamos felizes com um abraço que expresse: *"Hoje é um grande dia! Sinto-me vivo, e isso é maravilhoso! Estou contente e quero partilhar essa felicidade com você!"*

Celebre a euforia de um abraço:

com seu companheiro na descoberta de uma nova idéia, um abraço diz: *"O que há de mais excitante do que trocar idéias e descobrir novos rumos que tornam a vida mais e mais agradável?"*

com seu parceiro no jogo de tênis,
um abraço expressa: *"É uma grande sacada estar aqui com você."*

com um novo amigo que o acompanha em algum passeio à praia, à montanha, a qualquer lugar,
um abraço significa: *"Uau! Que lugar! Estou muito feliz por você estar aqui comigo, apreciando esta paisagem!"*

Um rápido abraço pelas costas ou um enlaça-cintura demonstram a sua alegria.

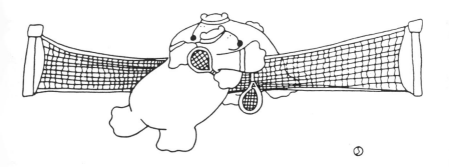

UM ABRAÇO SIGNIFICA COMEMORAÇÃO

Comemorar sempre significa que queremos nos juntar aos outros e partilhar a felicidade de alguma data inesquecível. Aplaudimos, rimos, choramos, festejamos durante essas celebrações que dão significado à vida.

Nessas ocasiões, é realmente necessário que usemos a linguagem do abraço. Um abraço caloroso é a maior recompensa por um momento especial; ele diz: *"Sinto-me honrado por estar aqui com você e tomar parte na festa."*

Na verdade, qualquer tipo de abraço — pelas costas, de urso, grupal, sanduíche, de lado — está clamando: *"Vamos comemorar!"*

Sim! ! !

Mas não precisamos esperar uma ocasião especial para festejar. Nós podemos comemorar por sermos quem somos a qualquer hora — aqui, agora, dividindo as maravilhas e os milagres do mundo com as pessoas de quem gostamos.

Além disso, celebramos a nossa maravilhosa capacidade de nos comunicar com abraços.

A linguagem do abraço nos ajuda a falar com o coração.

A linguagem do abraço nos ajuda a ser sinceros com nós mesmos.

Não somos apenas ursinhos se abraçando.

Nós somos gente.

Um Toque Extra

Todos nós precisamos não só de abraços mas também de outras formas de toque físico. Para alguns, um abraço pode até deixar a pessoa constrangida. O abraço pode assustar e deixar alguém ansioso por causa de condicionamentos culturais, traumas psicológicos ou carências afetivas muito grandes. Às vezes, segurar as mãos, dar um tapinha nas costas, fazer um cafuné, massagear um pescoço ou fazer um agradável carinho no braço de outra pessoa podem ser uma forma mais sensível de transmitir apoio.

E não se esqueça de que, apesar do abraço e do toque físico terem um valor inestimável, o mais importante que podemos dar é o nosso profundo respeito pelos sentimentos e necessidades do outro. Isso significa que quando escolhemos a comunicação pelo abraço e pelo toque, devemos nos basear sempre na sensibilidade para perceber o que é melhor para aquela pessoa naquele momento.

Instituto de Terapia do Abraço

Cremos que muita coisa ainda precisa ser feita para derrubar as barreiras culturais e emocionais que nos impedem de sentir os saudáveis benefícios do toque físico e do abraço. A criação do Instituto de Terapia do Abraço é a nossa contribuição, aparentemente estranha, mas extremamente séria, a esse esforço.

Torne-se um membro do Instituto de Terapia do Abraço acreditando no valor do abraço e seguindo os procedimentos na forma como foram expostos em *A Terapia do Abraço 1* e *A Terapia do Abraço 2*.

Esperamos que o abraço se torne conhecido por todos. E que isso não faça dele um lugar-comum, perdendo o que há de especial em cada abraço.

Instituto de Terapia do Abraço
Certificado de Membro

Certificamos que

_____
Nome

concluiu o curso oferecido em *A Terapia do Abraço 2* e é agora um Terapeuta do Abraço com capacidade para a disseminação do abraço terapêutico em todo o mundo.

Abrace sempre. Abrace muito.

"Um único contato íntimo faz mais do que todo um dicionário. A capacidade que as sensações físicas têm de transmitir os sentimentos é algo surpreendente."

Desmond Morris, em
Intimate Behavior
(Bantam Books)

"'Eu amo você' é uma mera combinação de sons. O toque físico, o carinho em quem você gosta marca as emoções no corpo; é o corpo que sente o amor."

Helen Colton, em
The Gift of Touch
(Putnam)

Sobre a Autora

Kathleen Keating Schloessinger é a autora do livro anterior desta série. *A Terapia do Abraço 1*, que vendeu 400.000 exemplares somente nos E.U.A. Psiquiatra, mestre em Enfermagem, pedagoga. Ministra cursos sobre dinâmica de grupo, faz palestras e organiza seminários pelos Estados Unidos e Canadá sobre o poder do toque, os males do *stress* e educação de pais. Seu currículo também inclui pesquisas sobre o *biofeedback*, além de assessoria técnica e direção de grupos de terapia. Participou de diversos seminários sobre a Gestaltterapia durante o período em que foi diretora educacional do Woodview-Calabasas Hospital, em Calabasas, Califórnia, E.U.A.

Atualmente, mora em Ontário, Canadá, com seu marido, Fred Schloessinger.

Segundo suas palavras, o tema da sua vida é "sentir, aprender, ensinar as muitas dimensões do amor; a coragem para lutar, a facilidade para dar e receber, a sensibilidade para sofrer, a força para ser enérgica, a disponibilidade para a alegria de se divertir e a profunda ternura de um abraço caloroso".

Nota da autora: "Eu gostaria que vocês me contassem suas experiências como terapeutas do abraço. Se quiserem compartilhar essas experiências ou se informarem sobre distintivos e camisetas dos Terapeutas do Abraço, escrevam para: Kathleen Keating, c/o Judy Steer, P.O. Box 4394, Dept. 200, Louisville, KY 40204."

Sobre a Ilustradora

Mimi Noland, a desenhista dos simpáticos ursinhos que aparecem em *A Terapia do Abraço 1*, *A Terapia do Abraço 2* e dos cartões e calendários desses livros, é formada em Psicologia pelo Skidmore College, turma de 1982. Além de escritora, compositora, cantora e tratadora de cavalos, é formada na Escola de Oficiais da Polícia. Mimi escreveu um livro que fez um enorme sucesso nos E.U.A, *I Never Saw the Sun Rise* [Eu Nunca Vi o Nascer do Sol], quando tinha 14 anos, assinado sob o pseudônimo de Joan Donlan. Atualmente, mora em Wayzata, Minnesota, numa fazenda com a casa — e o celeiro — repleta de animais.

Fontes Bibliográficas

Livros:

Colton, Helen. *The Gift of Touch*. Nova York, Putnam, 1983.
Keating, Kathleen. *The Hug Therapy Book*. Minneapolis, CompCare Publishers, 1983.
Krieger, Delores. *Therapeutic Touch*. Cliffs, Nova Jersey, Prentice-Hall, 1979.
Lynch, James. *The Broken Heart*. Nova York, Basic Books, 1977.
Montagu, Ashley. *Touching: The Human Significance of the Skin*. Nova York, Columbia University Press, 1971.
Morris, Desmond. *Intimate Behavior*. Nova York, Bantam Books, 1973.
Simon, Sidney B. *Caring, Feeling, Touching*. Niles, Argus, Communications, 1976.

Vídeos:

A Touch of Sensitivity, filme de 50 minutos, produzido pela BBC Films, 1213 Wilmette Ave.,Wilmette, IL 60091, USA.
The Touch Film, com o dr. Jessie Potter, filme de 22 minutos produzido pela Sterling Productions, 500 N. Dearborn St., Nº 916, Chicago, IL 60610, USA.

Você acabou de ler A Terapia do Abraço 2. Leia também o número 1 publicado por esta Editora.

"A Terapia do Abraço não é apenas para os solitários ou para pessoas emocionalmente machucadas. A Terapia do Abraço pode tornar mais saudável quem já é saudável, mais feliz quem já é feliz, e fazer com que a pessoa mais segura dentre nós se sinta ainda mais segura.

Abraço é bom para todo o mundo.

Qualquer um pode ser um Terapeuta do Abraço. Mas se você dominar os Tipos de Abraço e as Técnicas Avançadas apresentados neste livro, desenvolverá habilidades adicionais e confiança na sua capacidade natural para compartilhar abraços maravilhosos."

Adote a prática saudável de abraçar alguém.

Kathleen Keating

EDITORA PENSAMENTO